序

　　我冀望可以從愛、熱誠、信心出發，以正面的思維去感染身邊人。令人心知足，社會和諧。現今社會生活壓逼，很多人心裏都不快樂，均容易令人感到沮喪，「怨氣」二字更已經變為成了香港人的話題。今日香港人面對龐大的都市生活壓力，處境看似變得絕望、無助，大家的心裡都充斥着一股怨氣。怨氣在社會中不斷滋長，令全香港變成了悲情城市，香港人同時患上了集體抑鬱。我想透過我的作品向社會上所有人發放關懷的信息，鼓勵大家有情緒困擾時要主動求助。沒有一個生命是偶然，珍惜生命，包括大自然的一切，花花草草，樹木果實……全都是很奇妙的系統。所以我們應該懷着感恩的心欣賞一切美好的事物。更應多走一步，向身邊的親友發關懷問候，與人同行，陪他們走出陰霾，走向生命的晴天。

i 蜂 gor

目錄

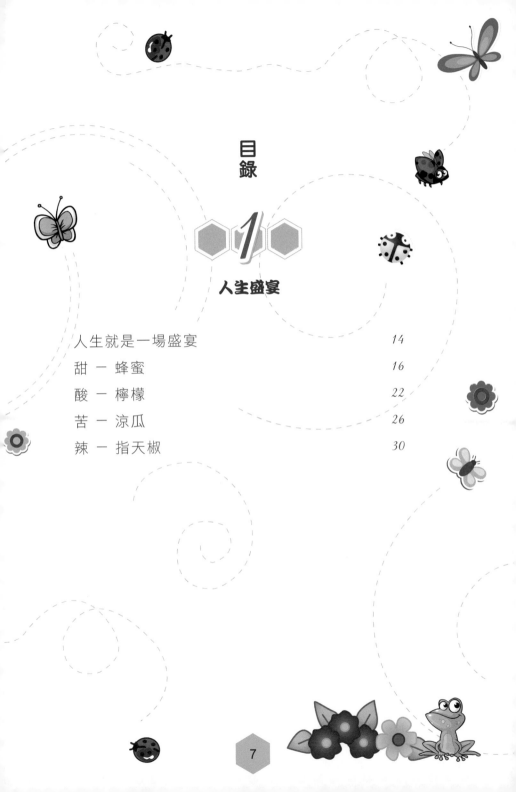

1

人生盛宴

人生就是一場盛宴　　　　　　14

甜 － 蜂蜜　　　　　　　　　16

酸 － 檸檬　　　　　　　　　22

苦 － 涼瓜　　　　　　　　　26

辣 － 指天椒　　　　　　　　30

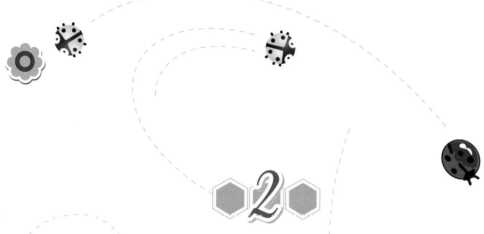

2

【何必要別人的過去決定你將來的人生】

你才是主角，拜託　　　　　　　　　　　　　36

生氣時，感受幸福的能力便消失　　　　　　　40

抱怨乃啟動自我滅程式　　　　　　　　　　　44

自己飲砒霜，又想別人死？　　　　　　　　　46

馬子都是別人的好？隔離飯真的比較香？　　　48

兩個人的寂寞比一個人的孤單更可怕　　　　　50

停止追究是誰的錯　　　　　　　　　　　　　52

3

【利用挫折吧！協助你成就】

決心丟開令你受傷的雞肋　　　　　　　　　56

標籤令自己失去創造力　　　　　　　　　　58

享受孤獨　　　　　　　　　　　　　　　　60

別再視而不見「自我厭惡」這思想毒瘤　　　62

別再妄想自己是受害小王子／公主了！　　　64

世間沒有後悔藥　　　　　　　　　　　　　66

歷過驚濤駭浪的旅程，回來才有炫耀的資格　68

丟掉腐爛的舊橙，充滿生命力的種子才會發芽　70

感恩壓力　　　　　　　　　　　　　　　　72

4

【來來！對着鏡子說 hello my dear 】

何謂幸福 76

選擇愛自己 78

踏出一步，離開陷入數十年的沙發洞 80

事實如此中立簡單，是我們主觀複離 82

永不放棄令你狂熱忘我的事情 84

將感恩練成習慣 86

永遠記得「活在當下」 88

別推辭了！你只是缺乏變得幸福的勇氣 90

 5

i 蜂 gor 勵志秘訣

寫下渴望的東西	94
集中目光，只追蹤航道	96
人最大的失敗就是害怕失敗	97
在世界中心勇於宣告	98
承諾＋行動＝認同＋支持	99
一身肌肉必需經反覆鍛練	100
要玩就玩難以闖關的遊戲	101
盯着目標，抱着必勝的心態主動出擊	102
把握每分秒時間，創造無限可能性。	103
掌握自己的命運，「別敗於被動」	104
打動人心，令別人為你因而改變	105
在結果面前，就是最真實的成績表	106
只要付出貢獻的心，成就便隨之而來	107

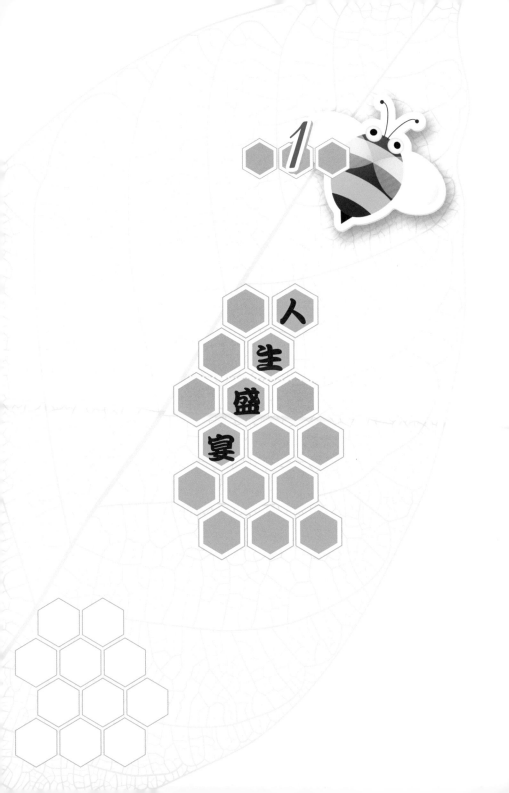

1

人生盛宴

【人生就是一場盛宴】

人生本來就是一場盛宴，

甜酸苦辣鹹，

色香味俱全，

每日每時發生的事情，

都給予我們不同味道，

有人正處於悲傷的低谷，

硬生生地皺着眉頭強嚥下苦味；

有人正思念着某個溜走的愛人，

他的撇脫令你每每憶起都緊揪着心，

一股酸溜溜從心窩湧出來；

或許有人依着某個熱燙，

燙口的關係，

猶如燈蛾撲火，

明知灼痛卻依舊讓痛苦蔓延，

殘忍地折磨自己；

冬釀

【甜 — 蜂蜜】

蜂蜜的營養

《本草綱目》：「入藥之功有五，清熱也，補中也，解毒
也，潤燥也，止痛也。生則性涼，故能清熱；熟則性溫，
故能補中；甘而平和，故能解毒；柔而濡澤，故能潤燥；
緩可去急，故能止心腹肌肉瘡瘍之痛；和可致中，故能調
和百藥，而與甘草同功」。

小時候，

夏日炎炎，

每天放學跑回家，

大汗淋漓的衝着打開冰箱，

總期待能吃着一小口透心涼的小吃。

那年代沒太多零食，

能夠吃到一塊滋味濃郁的蜂蜜蛋糕，

已是最高享受。

黃澄澄的鬆軟海棉狀，

細緻紋路中散發出滿滿蜂蜜香氣，

鬆軟、彈牙、芳香四溢。

你 還記得嗎？

現在我們一同閉上眼睛，
回想你人生最牽動你心，
會心微笑的片刻，
那刻藏在心裡甜絲絲的悸動，
令你久久不捨忘懷的事件。

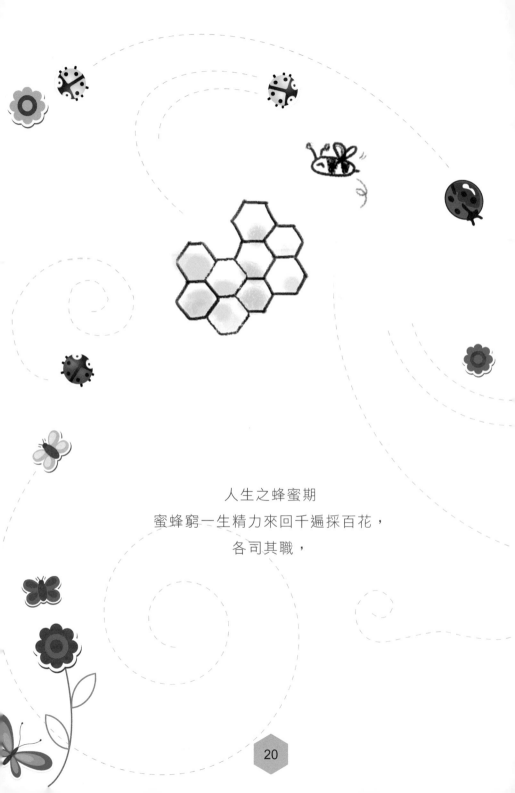

人生之蜂蜜期
蜜蜂窮一生精力來回千遍採百花，
各司其職，

20

製造出滿滿自豪，
甘之如飴的蜜糖，
珍惜甜甜的手捧，
點滴在心上，
我們都知採蜜過程不容易啊！
這不正就是我們活得璀璨的證據嗎？

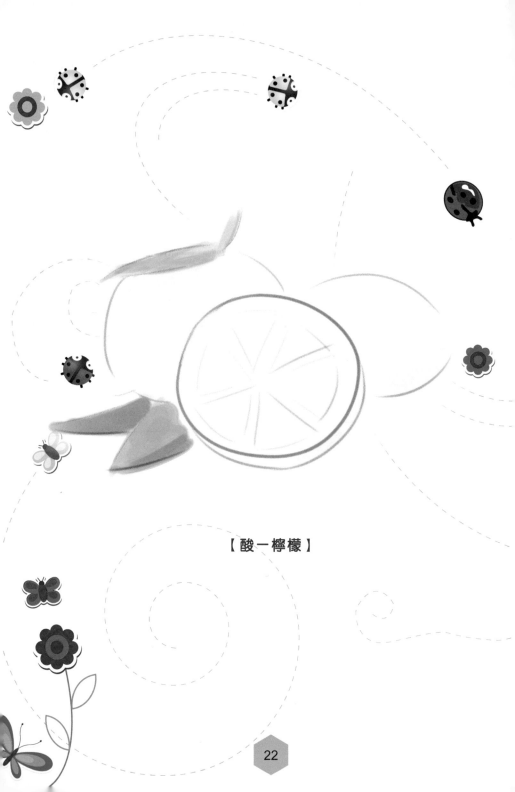

【酸—檸檬】

「檸檬」屬柑橘類，

歸芸香科。

其外表淡黃色，

有着一股無可抗拒的清新感。

把它切開輕嘗一口，

其味極酸，

倍感提神，

把它混在飲品之中同樣清新可口，

以兩滴伴上肉類佳餚，

能使肉質更細緻，

中醫認為檸檬有清熱、殺菌，

健脾、開胃、化痰、止咳的功效。

而且眾所周知，

裡面含有豐富的維生素C，

不但能美白肌膚變漂亮，

還能預防癌症、降低膽固醇，

消除疲勞、增加免疫力等等呢！

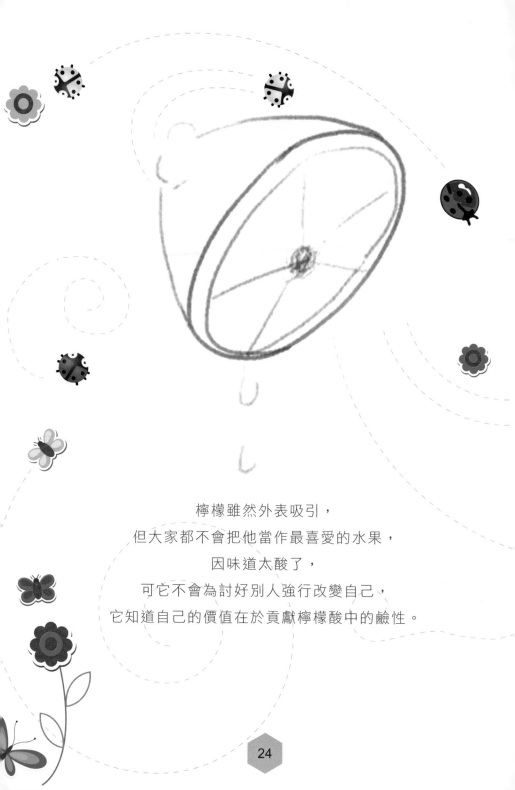

檸檬雖然外表吸引，
但大家都不會把他當作最喜愛的水果，
因味道太酸了，
可它不會為討好別人強行改變自己，
它知道自己的價值在於貢獻檸檬酸中的鹼性。

人生盛宴

25

【苦―涼瓜】

涼瓜因長相平凡，

味道苦澀，

不受小朋友歡迎，

自覺人生坎坷，

靜悄悄地躲於超級市場蔬菜部的一角落，

獨自感懷身世，

嗟嘆天地！

就在片刻，

一師奶大手抓起，

然後它就在購物車相遇名為「雞蛋」的物體……

它懷著戰戰兢兢的心，

踏出第一步⋯

原來雞蛋正是它一生所覓尋的好拍檔！

這道家傳戶曉的美味菜式 ——「涼瓜炒蛋」！

人生盛宴

所以困擾時不要躲着獨自一個胡思亂想，
出外走走認識新朋友吧！
總有同伴在等你一起同甘共苦，
替你分憂！

【 辣 一 辣椒 】

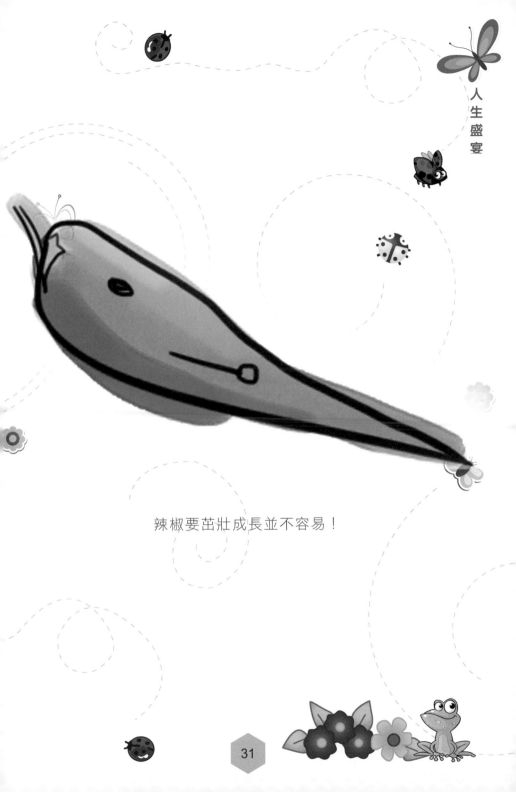

辣椒要茁壯成長並不容易！

當中每天需要4-6小時的太陽曝曬磨練，
炎熱的烤燙。

所以我們都要經過千錘百煉，
才能成就自己。

2

何必因別人的過去決定你將來的人生

【你才是主角，拜託】

何必因別人的過去決定你將來的人生

我們每天努力奔波、跑東跑西，

為別人而勞碌生活，

什麼事都替人擔當。

也許我們是愛惜他們，

但同時抹殺了讓他們成長的機會。

有時也要好好休息一下，
疼愛自己，
我們更應為自己而活！
讓別人可以為自己而活！

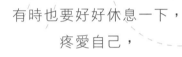

你不是裁縫師，
何苦老是為他人作嫁衣裳？
你才是主角，拜託！

【生氣時，感受幸福的能力便消失】

蜜蜂生氣起來，
會用自己尾針抗爭

然而，
蜜蜂失去尾針後，
牠亦生存不了。

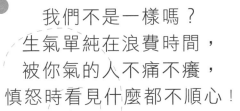

我們不是一樣嗎？
生氣單純在浪費時間，
被你氣的人不痛不癢，
憤怒時看見什麼都不順心！

生氣時握緊拳頭，當然無法與任何人握手

【抱怨乃啟動自我毀滅程式】

抱怨時，
心情只會更加焦燥、煩厭、鬱悶……
消耗自己的能量，
充滿無力感，
等如啟動自我毀滅程式。

繼續抱怨！
你的人生只會停滯不前！

【自己飲砒霜，又想別人死】

帝女蜂

我們總會碰見不順心的事，
當發脾氣或破口大罵，
會特別感到筋疲力竭！
即使再三忍耐，
不發洩出來，
也會感到無以言喻的疲憊。
因此氣憤難平只會消耗自己精力，
對方根本不痛不癢，
因此何苦要折磨自己！

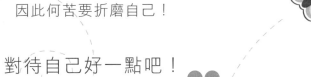

對待自己好一點吧！

【馬子都是別人的好？隔離飯真的比較香？】

48

蜜蜂在採花蜜時，
旁邊的花看上去比較艷麗花蜜較甜，
當牠飛去採時，
卻不覺是這一回事，

然而，
回頭卻發現原來的花已被一群蜜蜂採清光了！
總追逐窺探別人生活，
會令自己迷失於迷霧之中！

珍惜你現在擁有的，
別人的並不一定適合你！

【兩個人的寂寞比一個人的孤單更可怕】

50

當兩個人感情好的時候，

充滿幸福，

那樣很好！

當相對無言時，

彼此心靈無法相通！

那個寂靜的空間使得空虛感倍增！

"

孤單也許可怕，

勉強湊合一起的兩個人，

面對面想連繫卻觸不到對方的心，

才是最可怕！

"

【停止追究是誰的錯】

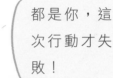

都是你，拖慢大家的飛行速度，蜂蜜都被採光了

都是你，這次行動才失敗！

這些語氣，
耳熟能詳，
每天每角落都在發生。

當一隻手指永遠指出責罵別人時，
我們忘了其餘的四隻都指着自己。

停止怪罪別人，
確認每個結果都是自己創造出來，
共同理性坐下來正視問題，
分析及糾正，
我們才能避免下次犯相同的錯誤。

3

利用挫折！協助你成就

【決心丟開令你受傷的雞肋】

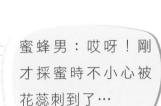

蜜蜂男：哎呀！剛才採蜜時不小心被花蕊刺到了…

蜜蜂女：那你為什麼還不拔掉？

蜜蜂男：因為上面散發了淡淡的花蜜香嘛…

別貪心那小小的甜頭！
把不該要的雞肋掉棄吧。

【標籤令自己失去創造力】

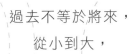

過去不等於將來，

從小到大，

令我們嘴邊都喜歡掛着，

我本來就是一個怎樣怎樣的人，

比如説：「我本來就是一個脾氣不好的人

明知道我這些事絕對忍受不了。」

有發現嗎？

你在為自己標籤，

局限自己只能是那種人，

這種固步自封的想法，

阻礙你接觸更多，

阻礙你成長及變得幸福，

別再為自己貼上標籤了。

【享受孤獨】

一堆人相處時熱鬧哄哄，
可以帶給我們暫時的快樂，
當離開喧鬧人群，
隻身上路時，
我們會感到孤單和寂寞！
當時間不受約束，
我們多半會感到無聊想找樂子，
下意識找誰通電，
發訊息，
到處找事來做，
逃避寂寞，
享受孤獨，
靜聽自己心聲，
察覺自己身體變化，
停一停步，
緩下急速追趕的步伐，
擁抱自由吧！

【別再視而不見「自我厭惡」 這思想毒瘤】

因為怠慢，

導致失敗，

或做錯一些小事時

當你想着「我真沒用」時！

就在產生自我厭惡，

這背後隱藏著想做好某件事的期待，

對無法做到的自己生氣、失望、傷心。

若不停這樣批評自己，

做什麼都沒信心

很介意別人目光，

在放棄與企圖做得好的現實間拉扯。

不如反覆檢視自己優點和缺點，

改進就是了

坦然接受，

信賴自己，

沒有人是完美的。

若濫用自卑一詞，

何不發揮魅力一行！

【別再妄想自己是受害小王了／公主了！】

為什麼要是我？
你抱著這樣的想法，
別人想靠近也不能，

沉溺在幻想自己是悲劇的主人翁，
只會不斷哀傷、悲憤、自憐自艾，

停留在原地嚎哭，
只會繼續浪費時間！

醒醒吧！
絆倒了要靠自己站起來！
告訴世界你可以！

【世間沒有後悔藥】

我的人參
我自己煮宰

我們人一生，

已花太多時間去後悔！

遇到心儀的人，

暗暗喜歡，

卻不敢接觸，

你會想「追求會成功嗎？」「失敗了怎辦」

「失敗了以後不知怎面對？

還是現在這樣好吧？」

又想「她真的適合我嗎？」

「會相愛一輩子嗎？」

選擇不追求只會後悔，

然而只能用想像估計展開追求了之後的光景。

留下這遺憾！

往後每一天，

怪自己當時沒勇氣，

想太多，

做的少，

嘆氣！「如果這樣做了」，

「如果」世間可沒後悔藥，

時間不可逆流，

後悔所浪費的時間比當初下一個決定所需時間長得多，

人生有限，

還要花更多時間去後悔嗎？

【歷過驚濤駭浪的旅程， 回來才有炫耀的資格】

利用挫折吧！協助你成就

蜜蜂出發去採蜜，
雖遇上滂沱大雨，
仍咬緊口關回家，
不就有更多精采難得的經歷可大肆分享嗎？

真正被尊重的人，
總是跨越過大大小小的困難呢！

【丟掉腐爛的果實，充滿生命力的種子才會發芽】

70

腐爛的果實就像每個失敗的結果，
若你執着緊握着不肯放手，
環境不會有任何改變；
若你能從容的丟掉，
那藏在裡面的種子就會發芽，
生長成一棵新的大樹。

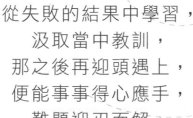
從失敗的結果中學習，
汲取當中教訓，
那之後再迎頭遇上，
便能事事得心應手，
難題迎刃而解。

【感恩壓力】

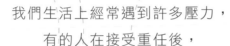

我們生活上經常遇到許多壓力，
有的人在接受重任後，
覺得很徬徨痛苦。
雖然吃力，
我仍感激有壓力存在，
壓力是一種信任，
獲期待的人才有壓力，
而且在不知不覺中，
令你能克服一個個更大的困難。

壓力的存在就是為了令你超越極限，
事情其實沒什麼大不了，
壓力是自己創造出來吧了。

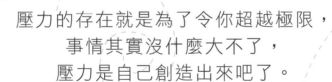

4

來來！對着鏡子說 hello my dear

【何謂幸福】

幸福就是一種當下身心同時滿足所產生的喜悅，
並且希望一直保持的心理狀況。

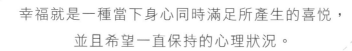

充實自己才能創造幸福的價值

【選擇愛自己】

羨慕別人時，
也有別人在羨慕你，
成為一個自己喜愛的人，
學習欣賞，
細數自己的優點看看，
為這樣的你感到自豪吧！

【踏出一步，離開陷入數十年的沙發洞】

成功的人會帶着勇氣探索新領域，
別再怕離開自己的舒適區。

> 每事只要向前走多一步，
> 加起來人生就截然不同。

【事實如此中立簡單，是我們主觀複雜】

每件事，
都沒有實際意思，
是我們的主觀感覺賦予它意義，
撇開自以為是的主觀，
眼前只是一個簡單的結果。

正面的想，
每事有所學習，
負面會看，
只會令我們身心俱疲。

【永不放棄令你狂熱忘我的事情】

嬰兒餓了，
會花盡所有氣力嚎啕大哭！
是什麼抹殺了孩童時的純真表達？
想哭便哭、想笑便笑，
到處冒險？

請盡情流露，
請尋回那股熱情，
那永不放棄令你狂熱的事情。

85

【將感恩練成習慣】

不要將任何事情當成理所當然，

花會開，

是因為你澆水，

你存在，

是因為父母曾經相愛，

沒有一樣東西是偶然。

習慣對身邊的人和事感恩，

讓好的果一直留在你心中。

【永遠記得「活在當下」】

不要為昨天懊悔，
過去已不能篡改，
不要為明天憂慮，
明天的故事由你今天去寫。

好好積極活在每個當下片刻。

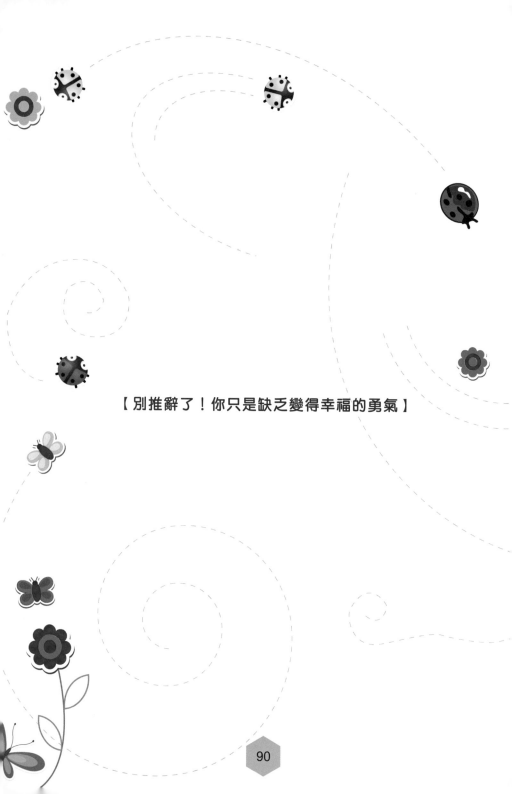

【別推辭了！你只是缺乏變得幸福的勇氣】

每個你討厭的現在，
都有一個不夠努力的曾經，
幸福不是指某種狀態，
而是你的心怎麼看待。

把臉向着陽光
就不會看見黑暗了！

5

i
蜂
gor
勵 志 秘 訣

【寫下渴望的東西】

堅定信念，心態決定境界

集中目光，
只追蹤航道

人最大的失敗就是害怕失敗

在世界中心勇於宣告

只要你願意
我隨時都可以

承諾＋行動＝認同＋支持

一身肌肉必需經反覆鍛練

要玩就玩難以闖關的遊戲

盯着目標，抱着必勝的心態主動出擊

把握每分秒時間，
創造無限可能性。

掌握自己的命運，「別敗於被動」。

打動人心，
令別人爲你因而改變

105

在結果面前，
就是最真實的成績表，
一分耕耘，一分收穫。

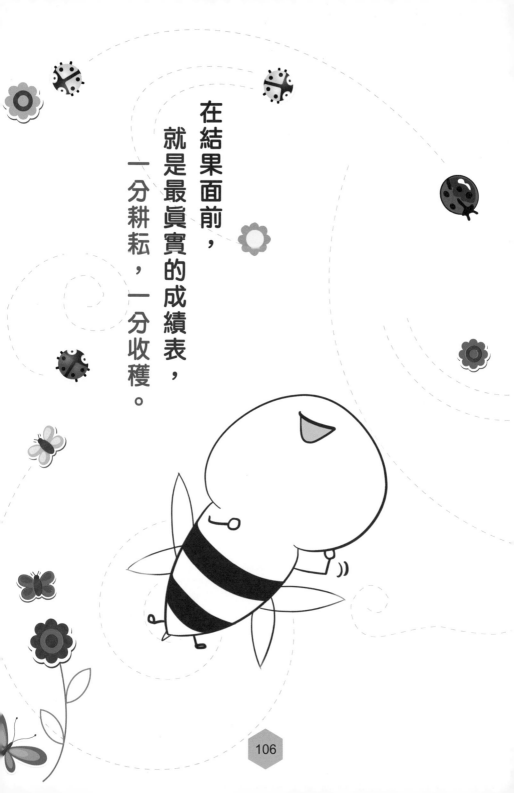

只要付出貢獻的心，
成就便隨之而來，
以人爲本，
向着世界出發吧。

WP131

蜂窩追夢

超人氣〔i 蜂 gor〕勵志秘訣
助〔宅仔宅女迷失者〕加油

作者：叮叮
原創圖文☆叮叮
✉ : yiyi000@ymail.com
📷 : lovelybee for you

出版　才藝館
　　　地址：新界葵涌大連排道144號金豐工業大廈2期14樓L室
　　　Tel：852-2428 0910　　　　Fax：852-2429 1682
　　　http://www.wisdompub.com.hk　　email：info@wisdompub.com.hk
　　　facebook：wisdompub
　　　出版查詢／whatsapp：852-9430 6306《Roy HO》
發行　香港聯合書刊物流有限公司
　　　地址：香港新界大埔汀麗路36號中華商務印刷大廈3字樓
　　　Tel：852-2150-2100　　　　Fax：852-2407-3062
　　　http://www.suplogistics.com.hk　　email：info@suplogistics.com.hk
　　　貿騰發賣股份有限公司
　　　地址：新北市中和區中正路880號14樓
　　　http://www.namode.com　　　　email：marketing@namode.com
　　　Tel：886-2-8227-5988　　　　Fax：886-2-8227-5989
訂購　http://www.openbook.hk　　　　email：cs@openbook.hk
ISBN　978-988-77781-6-5
類別　1.流行讀物　2.治癒　3.心靈勵志　4.繪本故事
　　　2017年3月初版一刷
　　　定價：HK$88.00　　　　　　NT$360.00